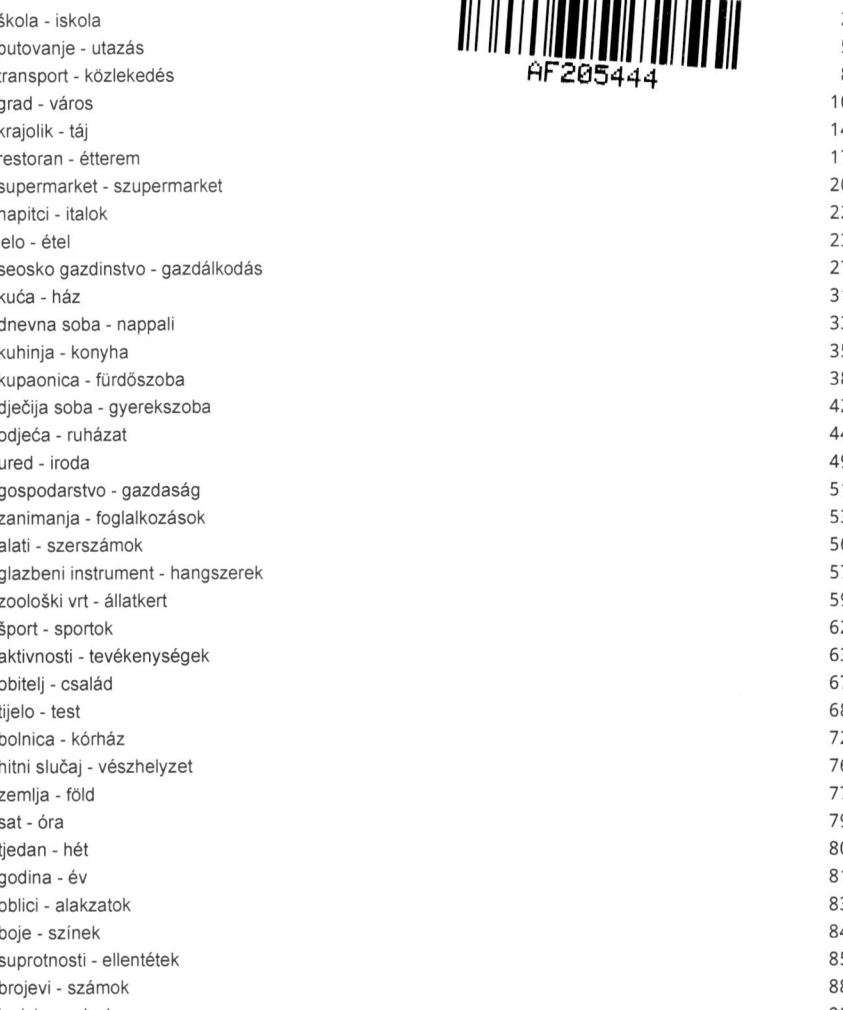

Impressum
Verlag: BABADADA GmbH, Nedderfeld 112 , 22529 Hamburg
Geschäftsführer / Verlagsleitung: Harald Hof
Druck: Books on Demand GmbH, In de Tarpen 42, 22848 Norderstedt

Imprint
Publisher: BABADADA GmbH, Nedderfeld 112 , 22529 Hamburg, Germany
Managing Director / Publishing direction: Harald Hof
Print: Books on Demand GmbH, In de Tarpen 42, 22848 Norderstedt, Germany

škola

iskola

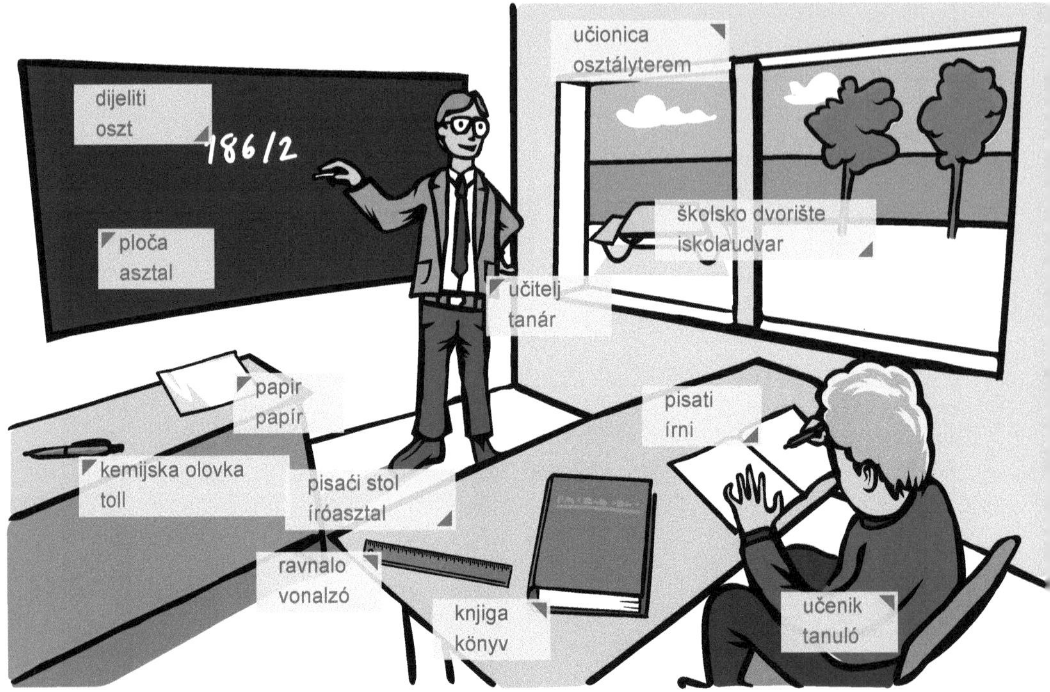

učionica
osztályterem
dijeliti
oszt
186/2
ploča
asztal
školsko dvorište
iskolaudvar
učitelj
tanár
papir
papír
pisati
írni
kemijska olovka
toll
pisaći stol
íróasztal
ravnalo
vonalzó
knjiga
könyv
učenik
tanuló

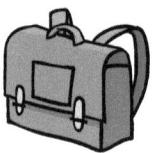

torba
....
iskolatáska

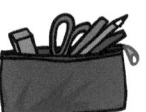

pernica
....
tolltartó

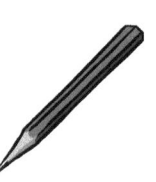

grafitna olovka
....
ceruza

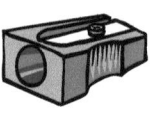

šiljilo za olovke
....
ceruzahegyező

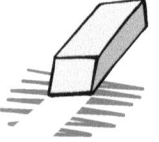

gumica za brisanje
....
radír

blok za crtanje
....
rajzfüzet

crtež

rajz

kist

ecset

kutija s bojama

festökészlet

makaze

olló

ljepilo

ragasztó

bilježnica

munkafüzet

domaći zadatak

házi feladat

broj

szám

sabirati

összead

oduzimati

kivon

množiti

szoroz

računati

számol

slovo

betü

abeceda

ABC

riječ

szó

tekst

szöveg

čitati

olvasni

kreda

kréta

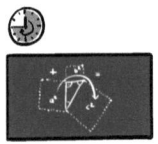

sat

tanóra

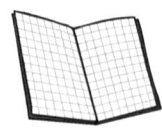

dnevnik

napló

ispit

vizsga

svjedodžba

bizonyítvány

školska uniforma

iskolai egyenruha

obrazovanje

oktatás

leksikon

enciklopédia

sveučilište

egyetem

mikroskop

mikroszkóp

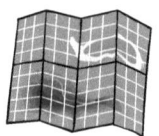

karta

térkép

košara za papir

papír-hulladék gyűjtő

putovanje
utazás

hotel
hotel
Grand
prenoćište
szállás
ROOMS
mjenjačnica
valutaváltó iroda
kofer
bőrönd
auto
autó

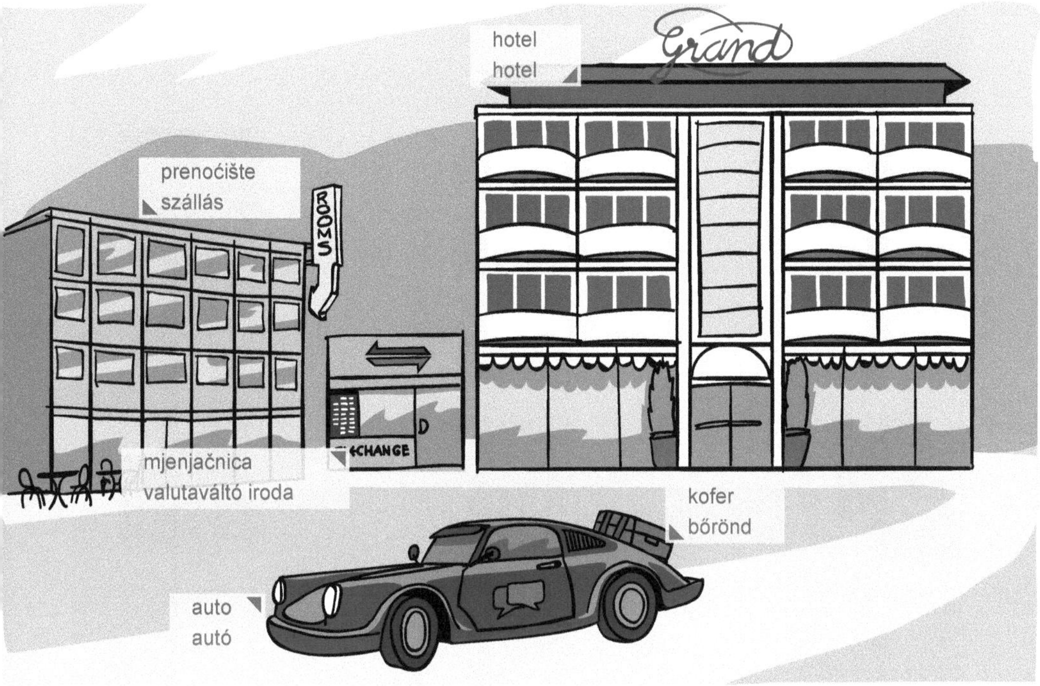

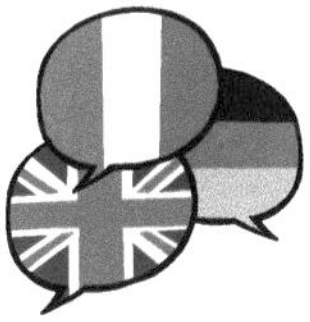

jezik

nyelv

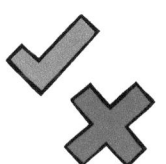

da / ne

igen/nem

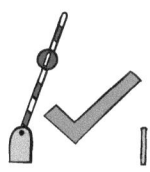

okay

rendben

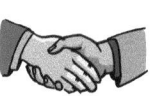

zdravo

szia

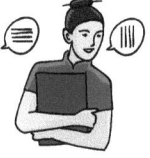

prevoditelj

fordító

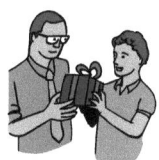

hvala

köszönöm

Koliko košta...?

mennyibe kerül...?

ne razumijem

nem értem

problem

probléma

dobro veče!

Jó estét!

Dobro jutro!

jó reggelt!

Laku noć!

jó éjszakát!

doviđenja

viszontlátásra

smjer

útirány

prtljaga

poggyász

torba

táska

ruksak

hátizsák

gost

vendég

soba

szoba

vreća za spavanje

hálózsák

šator

sátor

turističke informacije

turista információ

plaža

strand

kreditna kartica

hitelkártya

doručak

reggeli

ručak

ebéd

večera

vacsora

karta za vožnju

jegy

dizalo

lift

poštanska markica

bélyeg

granica

határ

carina

vám

ambasada

nagykövetség

viza

vízum

putovnica

útlevél

transport
közlekedés

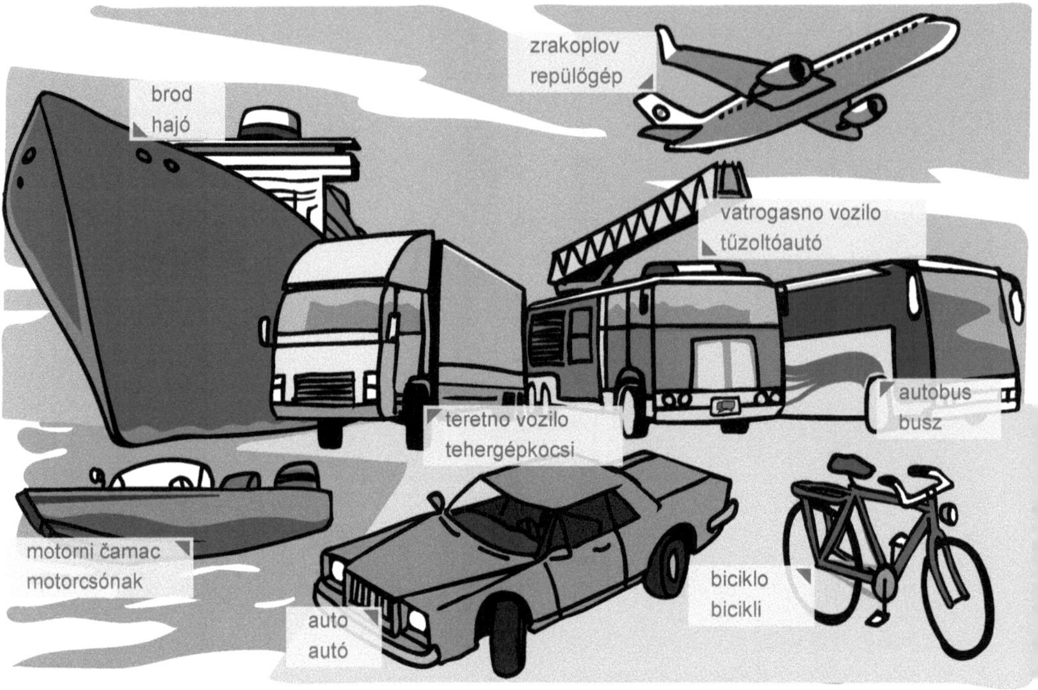

brod
hajó
zrakoplov
repülőgép
vatrogasno vozilo
tűzoltóautó
autobus
busz
teretno vozilo
tehergépkocsi
motorni čamac
motorcsónak
biciklo
bicikli
auto
autó

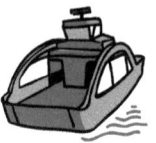

trajekt

komp

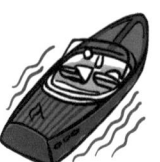

čamac

csónak

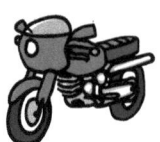

motocikl

motorkerékpár

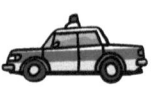

policijski auto

rendőrautó

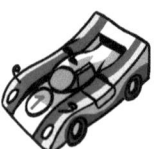

trkaći auto

versenyautó

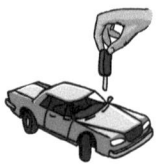

iznajmljeno auto

bérautó

dijeljenje automobila
telekocsi

vučno vozilo
vontató

vozilo za odvoz smeća
szemetes autó

motor
motor

benzin
üzemanyag

benzinska postaja
benzinkút

prometni znak
közlekedési tábla

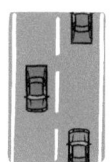

promet
forgalom

zastoj
forgalmi dugó

parkiralište
parkoló

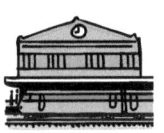

kolodvor
vonatállomás

šine
sínek

vlak
vonat

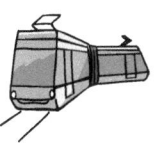

tramvaj
villamos

vagon
vagon

helikopter
helikopter

zrakoplovna luka
repülőtér

toranj
torony

putnik
utas

kontejner
konténer

karton
kartondoboz

kolica
taliga

košara
kosár

uzletjeti / sletjeti
felszáll / leszáll

grad
város

selo
falu

centar grada
városközpont

kuća
ház

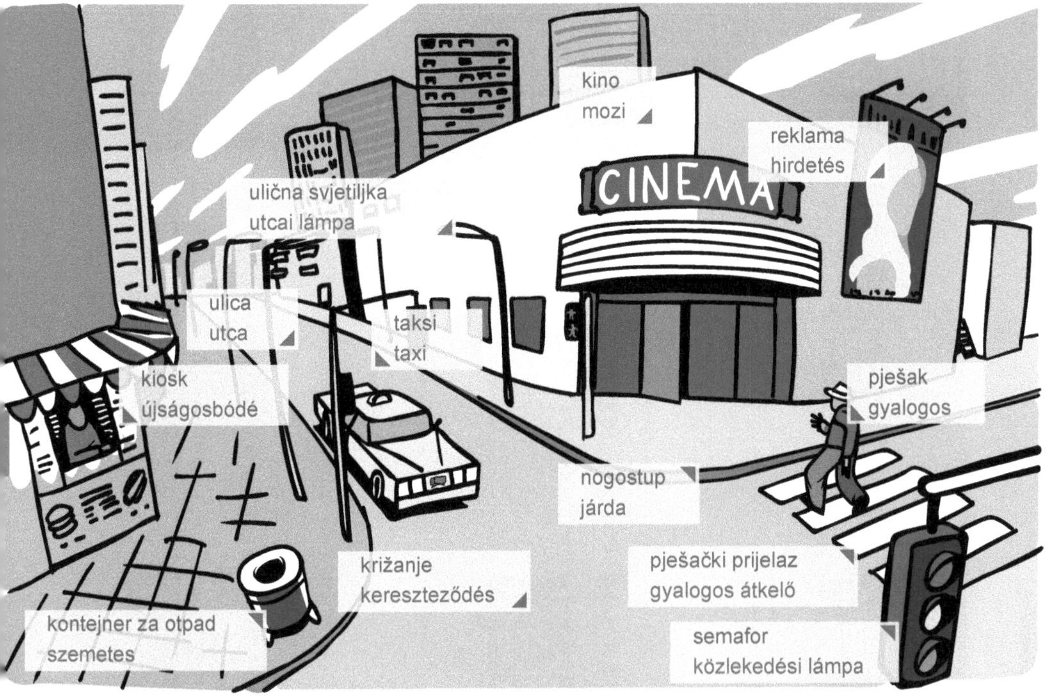

kino
mozi

reklama
hirdetés

ulična svjetiljka
utcai lámpa

ulica
utca

taksi
taxi

kiosk
újságosbódé

pješak
gyalogos

nogostup
járda

križanje
kereszteződés

pješački prijelaz
gyalogos átkelő

kontejner za otpad
szemetes

semafor
közlekedési lámpa

koliba
kunyhó

stan
lakás

kolodvor
vonatállomás

vijećnica
városháza

muzej
múzeum

škola
iskola

grad - város

sveučilište

egyetem

banka

bank

bolnica

kórház

hotel

hotel

ljekarna

gyógyszertár

ured

iroda

knjižara

könyvesbolt

prodavaonica

üzlet

cvjećara

virágüzlet

supermarket

szupermarket

trg

piac

robna kuća

áruház

ribarnica

halárus

trgovački centar

bevásárló központ

luka

kikötő

grad - város

park

park

klupa

pad

most

híd

stepenice

lépcső

podzemna željeznica

metró

tunel

alagút

autobusna stanica

buszmegálló

bar

bár

restoran

étterem

poštansko sanduče

postaláda

ulični znak

utcatábla

parkirni sat

parkoló óra

zoološki vrt

állatkert

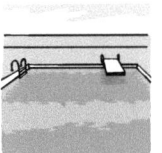

bazen

uszoda

džamija

mecset

seosko gazdinstvo

gazdálkodás

zagađenje okoliša

környezetszennyezés

groblje

temetö

crkva

templom

igralište

játszótér

hram

szentély

krajolik
táj

list
levél

putokaz
útjelző tábla

put
út

livada
rét

kamen
kő

drvo
fa

šetač
túrázó

rijeka
folyó

trava
fű

cvijet
virág

dolina

völgy

planina

domb

jezero

tó

šuma

erdő

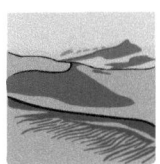

pustinja

sivatag

vulkan

vulkán

dvorac

kastély

duga

szivárvány

gljiva

gomba

palma

pálmafa

moskito

szúnyog

muha

légy

mrav

hangya

pčela

méhecske

pauk

pók

buba
bogár

žaba
béka

vjeverica
mókus

jež
sündisznó

zec
nyúl

sova
bagoly

ptica
madár

labud
hattyú

divlja svinja
vaddisznó

jelen
szarvas

los
rénszarvas

nasip
gát

vjetrenjača
szélturbina

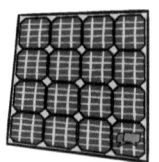

solarna ploča
napelem

klima
éghajlat

restoran
étterem

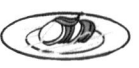

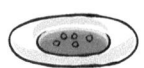

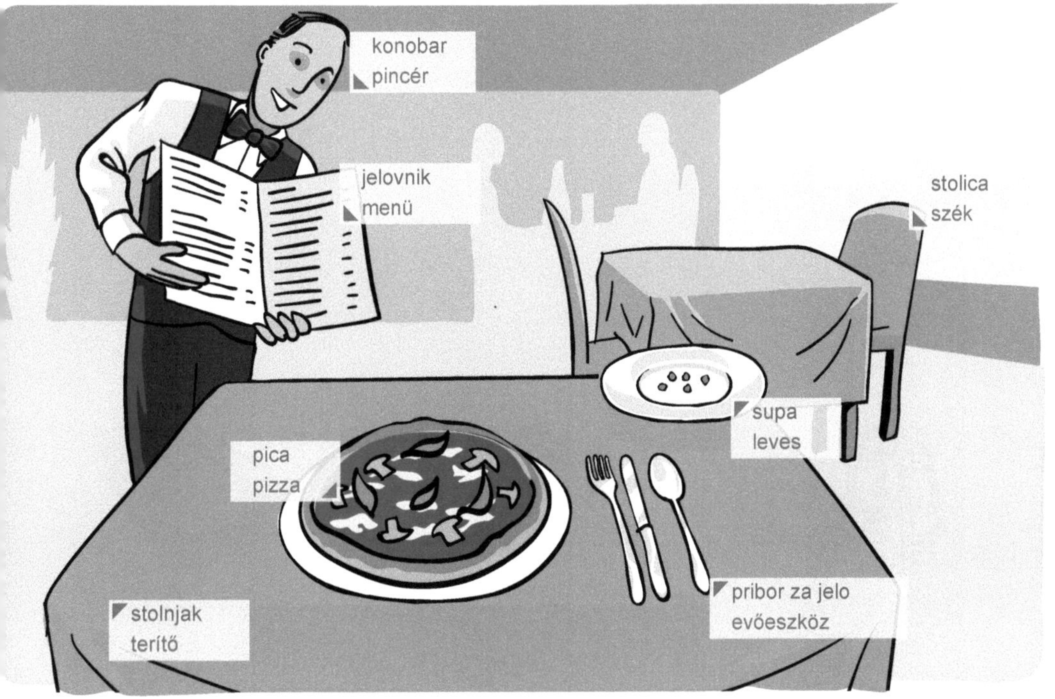

konobar
pincér
jelovnik
menü
stolica
szék
supa
leves
pica
pizza
pribor za jelo
evőeszköz
stolnjak
terítő

predjelo
....
előétel

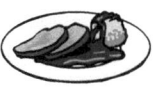

glavno jelo
....
főétel

desert
....
desszert

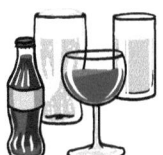

napitci
....
italok

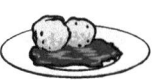

jelo
....
étel

boca
....
üveg

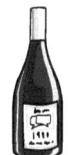

fastfood
gyorsétel

imbis hrana
gyorsétel

čajnik
teás kanna

doza za šećer
cukortartó

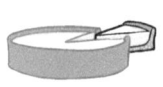

porcija
adag

aparat za espresso
eszpresszógép

visoka stolica
bárszék

račun
számla

pladanj
tálca

nož
kés

vilica
villa

žlica
kanál

čajna žlica
teáskanál

ubrus
szalvéta

čaša
pohár

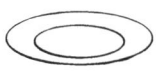

tanjur

tányér

tanjur za supu

leveses tányér

tanjurić

csészealj

sos

szósz

soljenka

sószóró

mlin za biber

borsőrlő

ocat

ecet

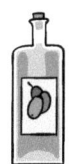

ulje

étkezési olaj

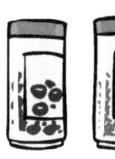

začini

fűszerek

kečap

ketchup

senf

mustár

majoneza

majonéz

supermarket
szupermarket

ponuda
különleges ajánlat
FOR
kupac
ügyfél
mliječni proizvodi
tejtermék
voće
gyümölcsök
kolica za kupnju
bevásárló kocsi

BUTCHERS

mesnica

hentes

BAKERY

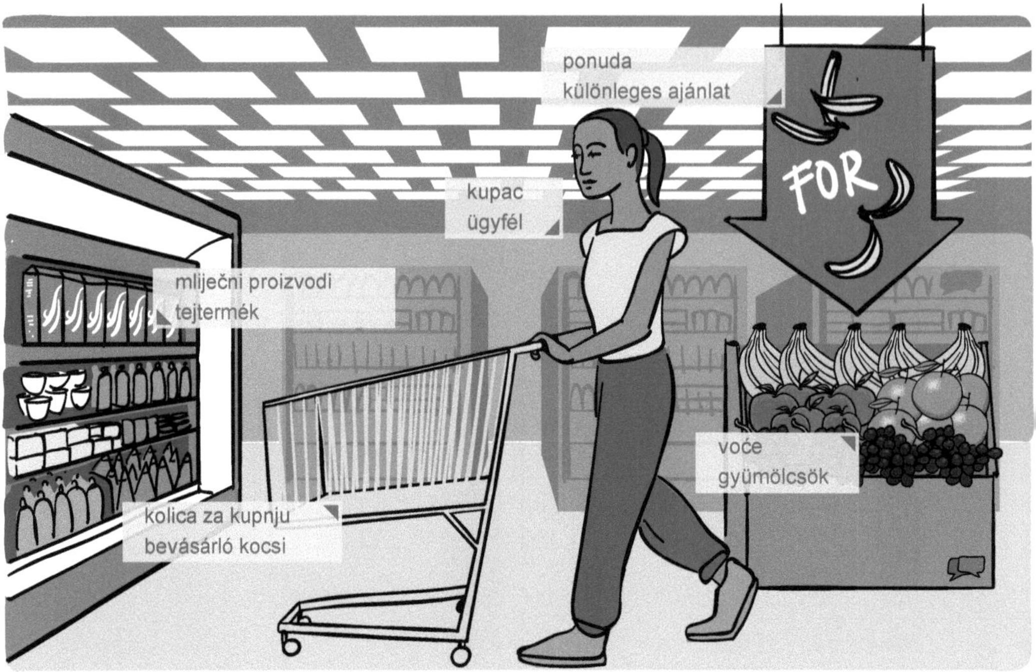

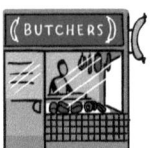

pekarnica

pékség

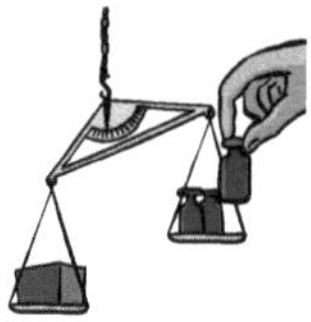

vagati

nyom valamennyit

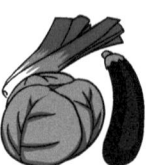

povrće

zöldség

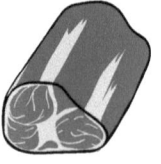

meso

hús

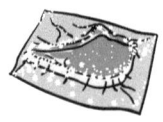

duboko smrznuta hrana

fagyasztott áru

narezak

felvágott

konzerve

konzerv

sredstvo za pranje

mosópor

slatkiši

édességek

artikli za domaćinstvo

háztartási termék

sredstva za čišćenje

tisztítószerek

prodavačica

eladó

blagajna

pénztárgép

blagajnik

eladó

lista za kupnju

bevásárló lista

vrijeme rada

nyitva tartás

novčanik

levéltárca

kreditna kartica

hitelkártya

torba

zacskó

plastična vrećica

műanyag zacskó

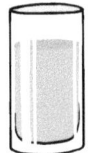

voda

víz

sok

gyümölcslé

mlijeko

tej

cola

kóla

vino

bor

pivo

sör

alkohol

alkohol

kakao

kakaó

čaj

tea

kava

kávé

espresso

eszpresszó

cappuccino

kapucsínó

banana

banán

jabuka

alma

naranča

narancs

lubenica

sárgadinnye

limun

citrom

mrkva

sárgarépa

češnjak

fokhagyma

bambus

bambusz

luk

hagyma

gljiva

gomba

orašasti plodovi

magvak

rezanci

nokedli

špagete

spagetti

riža

rizs

salata

saláta

pomfrit

sült krumpli

pečeni krumpir

sült burgonya

pica

pizza

hamburger

hamburger

sendvič

szendvics

šnicla

hússzelet

pršut

sonka

salama

szalámi

kobasica

kolbász

kokoš

csirke

pečenje

pecsenye

riba

hal

jelo - étel

zobene pahuljice

zabkása

musli

müzli

kukuruzne pahuljice

kukoricapehely

brašno

liszt

roščić

croissant

pecivo

zsemle

kruh

kenyér

toast

pirítós kenyér

keksi

keksz

maslac

vaj

svježi sir

túró

kolač

sütemény

jaje

tojás

jaje na oko

tükörtojás

sir

sajt

sladoled

jégkrém

šećer

cukor

med

méz

marmelada

lekvár

nugat krema

mogyorókrém

curry

curry

seosko gazdinstvo
gazdálkodás

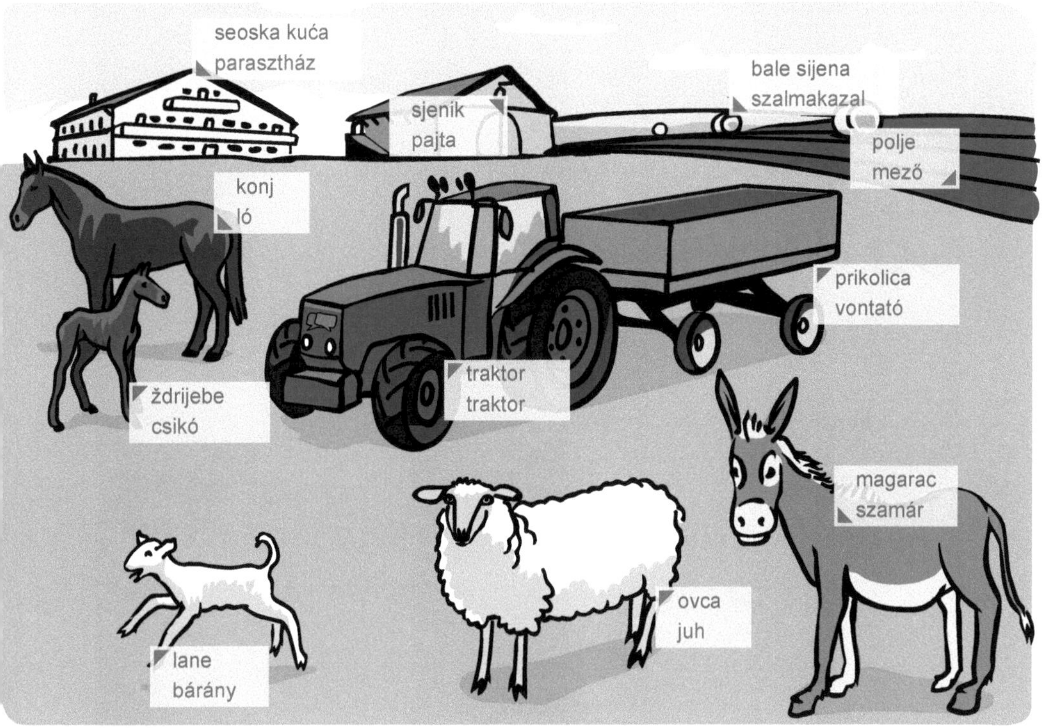
seoska kuća
parasztház
sjenik
pajta
bale sijena
szalmakazal
polje
mező
konj
ló
prikolica
vontató
traktor
traktor
ždrijebe
csikó
magarac
szamár
ovca
juh
lane
bárány

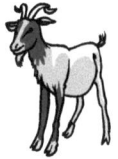

koza
kecske

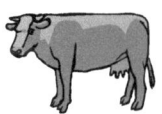

krava
tehén

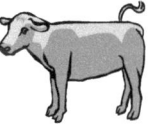

tele
borjú

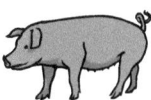

svinja
malac

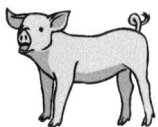

prase
kismalac

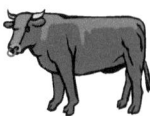

bik
bika

guska
liba

patka
kacsa

pilići
csibe

kokoš
tojó

pijetao
kakas

pacov
patkány

mačka
macska

miš
egér

vol
ökör

pas
kutya

kućica za psa
kutyaház

vrtno crijevo
kerti öntözőcső

kanta za polijevanje
öntözőkanna

kosa
kasza

plug
eke

srp

sarló

motika

kapa

vilica za gnojivo

vasvilla

sjekira

fejsze

tačke

talicska

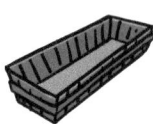

korito

teknő

posuda za mlijeko

tejes kancsó

vreća

zsák

ograda

kerítés

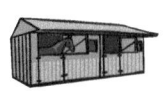

štala

istálló

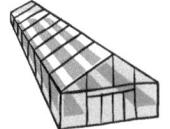

staklenik

üvegház

zemlja

talaj

sjeme

vetőmag

gnojivo

trágya

kombajn

cséplőgép

žanjati

szüretelni

žetva

betakarítás

yams začin

yamgyökér

pšenica

búza

soja

szója

krumpir

burgonya

kukuruz

kukorica

uljana repica

repcemag

voćka

gyümölcsfa

gomolj manioke

manióka

žitarice

gabona

seosko gazdinstvo - gazdálkodás

kuća
ház

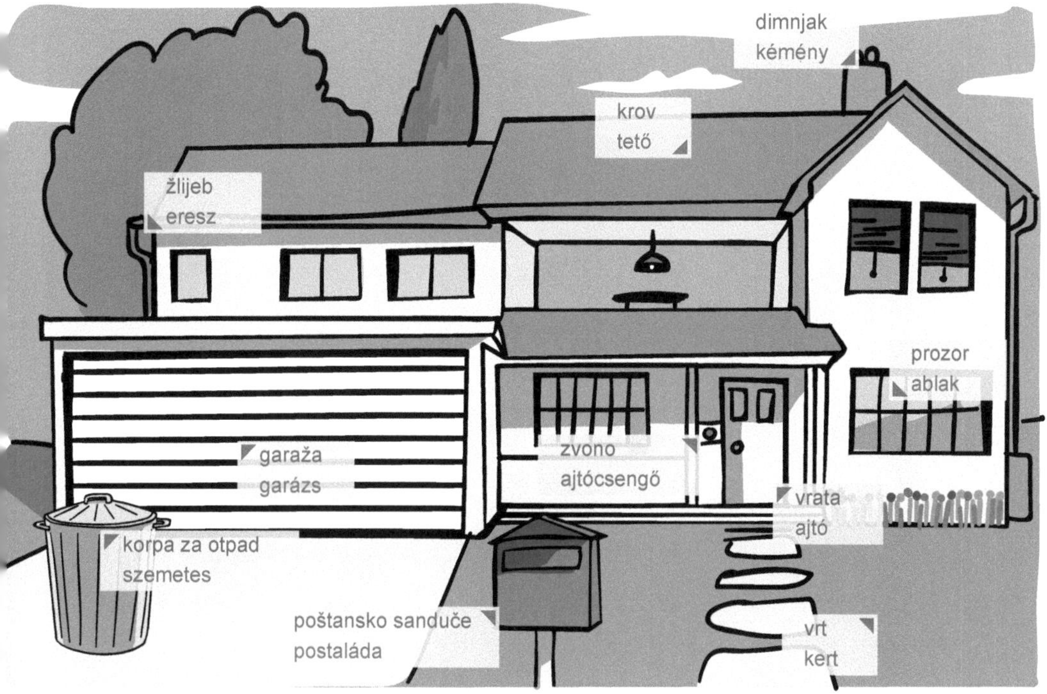
dimnjak
kémény
krov
tető
žlijeb
eresz
prozor
ablak
garaža
garázs
zvono
ajtócsengő
vrata
ajtó
korpa za otpad
szemetes
poštansko sandurče
postaláda
vrt
kert

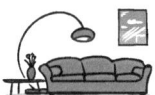

dnevna soba

nappali

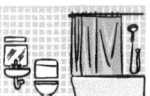

kupaonica

fürdőszoba

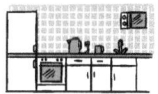

kuhinja

konyha

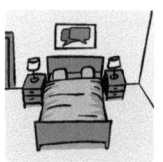

spavaća soba

hálószoba

dječija soba

gyerekszoba

trpezarija

ebédlő

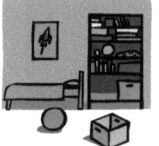

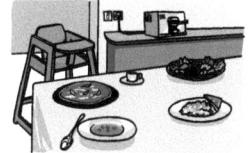

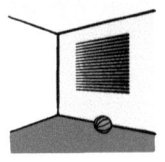

pod

padló

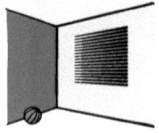

zid

fal

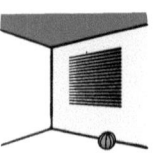

strop

plafon

podrum

pince

sauna

szauna

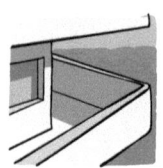

balkon

erkély

terasa

terasz

bazen

medence

kosilica za travu

fűnyíró

posteljina za krevet

lepedő

deka za krevet

ágytakaró

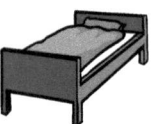

krevet

ágy

metla

seprű

kanta

vödör

sklopka

kapcsoló

dnevna soba
nappali

tapeta
tapéta
slika
kép
svjetiljka
lámpa
regal
polc
ormar
szekrény
televizija
televízió
kamin
kandalló
cvijet
virág
jastuk
párna
kauč
kanapé
vaza
váza
daljinski upravljač
távirányító

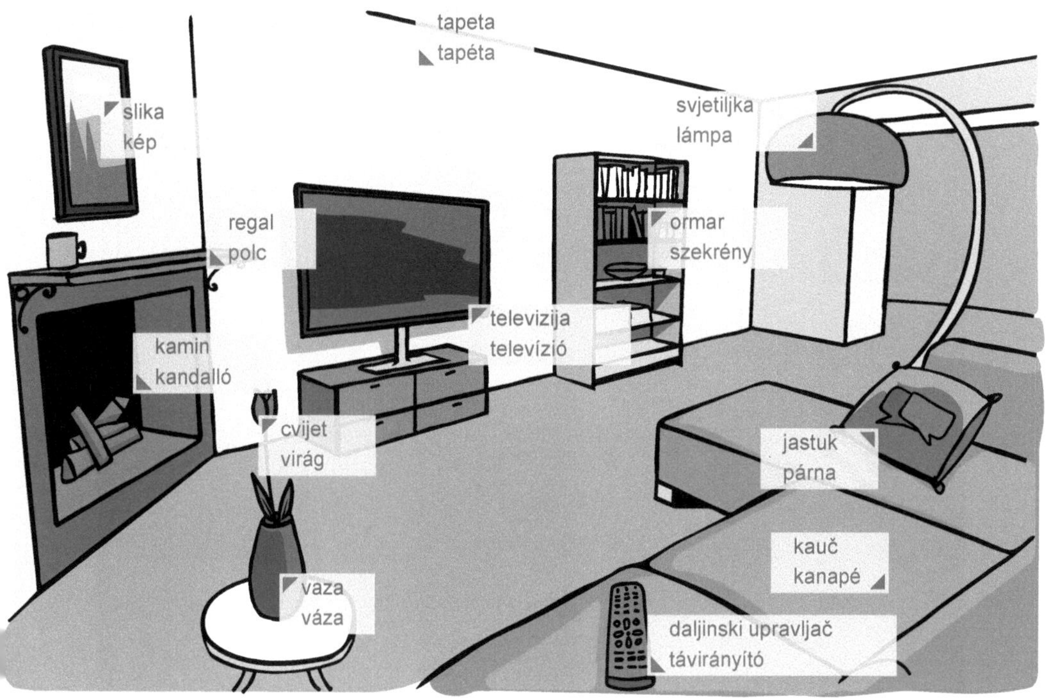

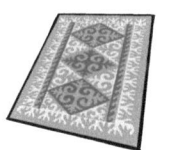

tepih
szőnyeg

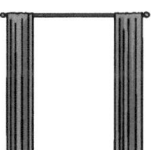

zavjesa
függöny

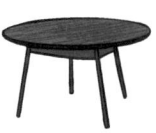

stol
asztal

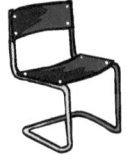

stolica
szék

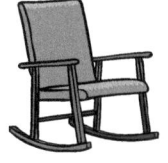

stolica za njihanje
hintaszék

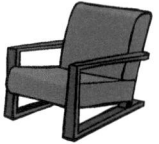

fotelja
karosszék

knjiga
könyv

deka
takaró

dekoracija
dekoráció

drvo za ogrjev
tűzifa

film
film

stereo uređaj
hifi

ključ
kulcs

novine
újság

slika na platnu
festmény

poster
poszter

radio
rádió

blok za pisanje
jegyzetfüzet

usisavač
porszívó

kaktus
kaktusz

svijeća
gyertya

kuhinja
konyha

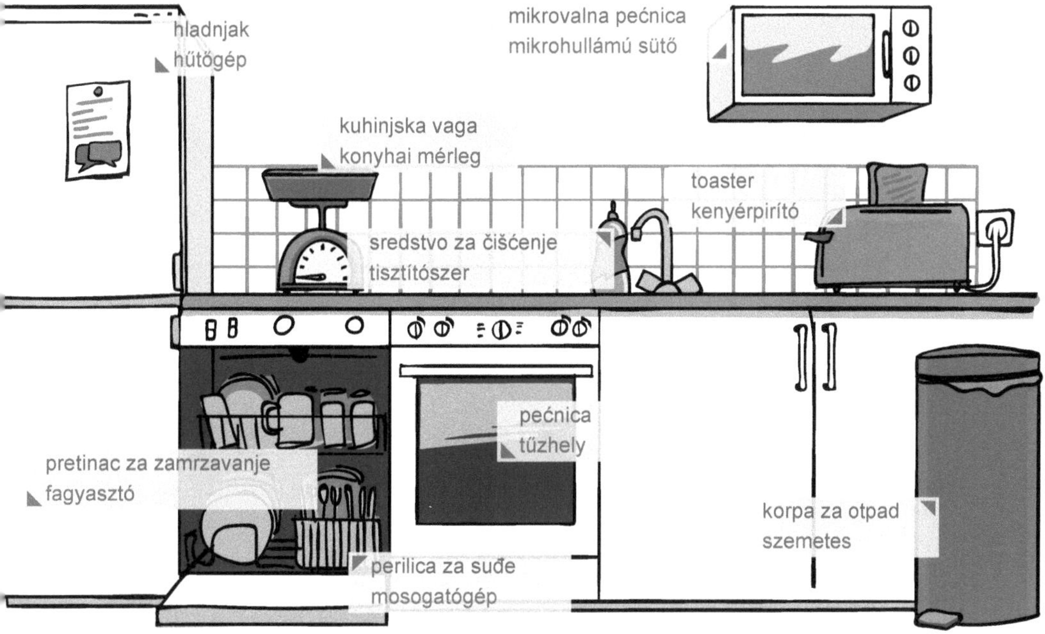

hladnjak
hűtőgép
mikrovalna pećnica
mikrohullámú sütő
kuhinjska vaga
konyhai mérleg
toaster
kenyérpirító
sredstvo za čišćenje
tisztítószer
pećnica
tűzhely
pretinac za zamrzavanje
fagyasztó
korpa za otpad
szemetes
perilica za suđe
mosogatógép

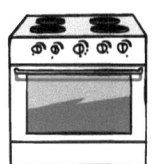

štednjak

tűzhely

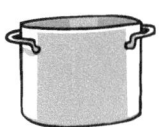

lonac

edény

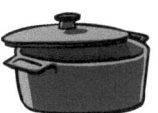

željezni lonac

vasfazék

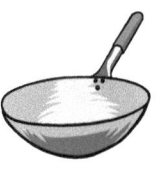

wok / kadai

wok / kadai

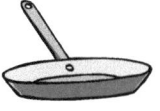

tava

serpenyő

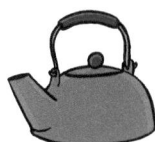

kuhalo za vodu

vízforraló

kuhalo na paru

páróló

lim za pečenje

tepsi

posuđe

étkészlet

čaša

bögre

zdjela

tálka

štapići za jelo

evőpálcika

kutljača

merőkanál

lopatica

keverőlapátka

pjenjača

habverő

sito za kuhanje

szűrő

sito

szita

ribež

reszelő

mužar

mozsár

roštilj

grillsütő

ognjište

kandalló

daska
vágódeszka

oklagija
sodrófa

vadičep
dugóhúzó

konzerva
doboz

otvarač konzervi
konzervnyitó

krpa za lonac
edényfogó

sudoper
mosogató

četka
kefe

spužva
szivacs

mikser
turmixgép

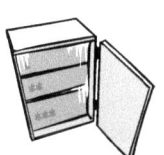

zamrzivač
mélyhűtő

bočica za bebe
cumisüveg

slavina za vodu
csap

kupaonica
fürdőszoba

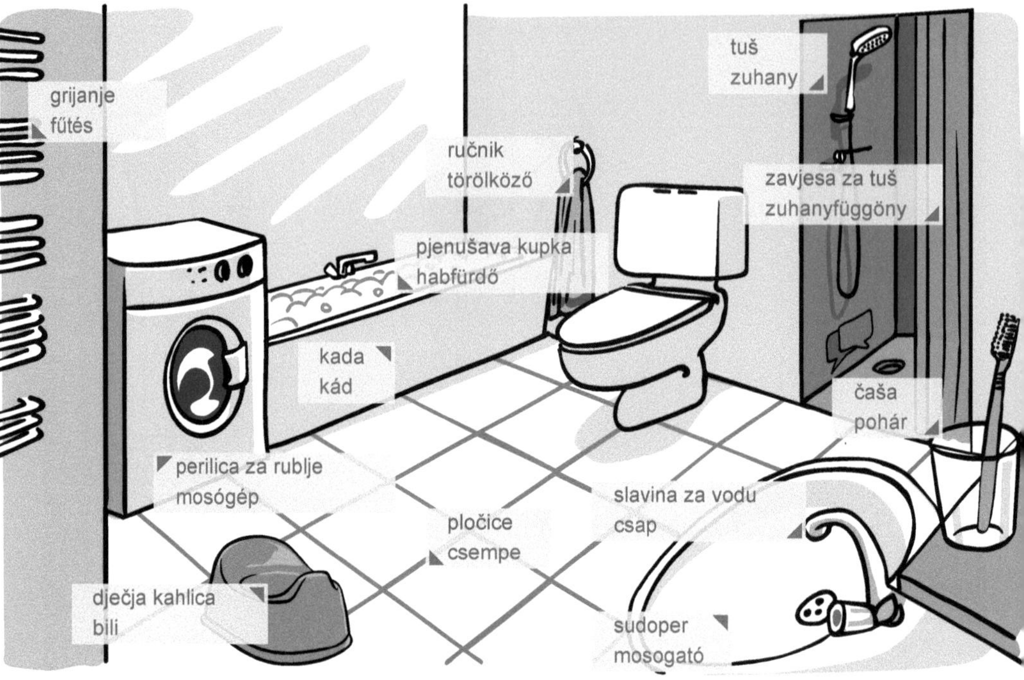

grijanje
fűtés
tuš
zuhany
ručnik
törölköző
zavjesa za tuš
zuhanyfüggöny
pjenušava kupka
habfürdő
kada
kád
čaša
pohár
perilica za rublje
mosógép
slavina za vodu
csap
pločice
csempe
dječja kahlica
bili
sudoper
mosogató

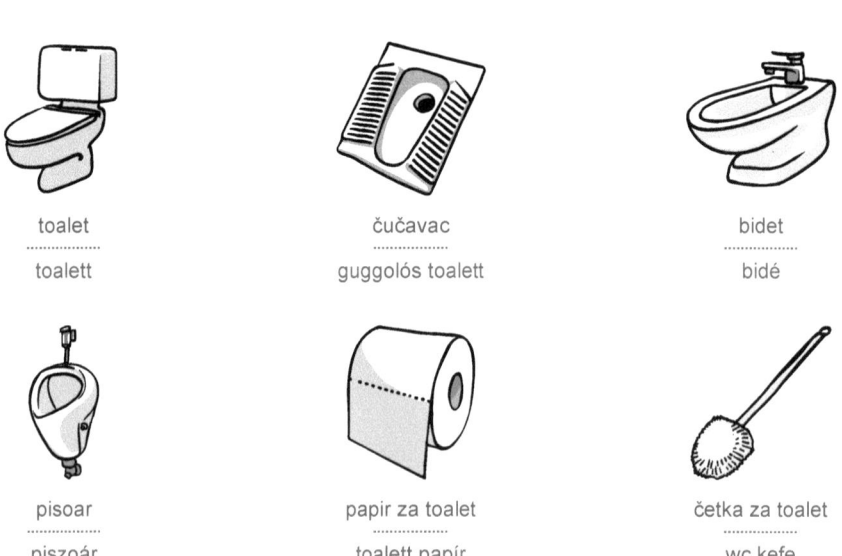

toalet

toalett

čučavac

guggolós toalett

bidet

bidé

pisoar

piszoár

papir za toalet

toalett papír

četka za toalet

wc kefe

četkica za zube

fogkefe

pasta za zube

fogkrém

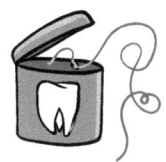

konac za zube

fogselyem

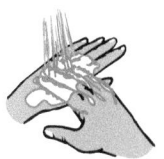

prati

mosni

tuš ručica

kézi zuhany

tuš za pranje intimnih dijelova

intimzuhany

lavor

mosdótál

četka za pranje leđa

hátmosó kefe

sapun

szappan

gel za tuširanje

tusfürdő

šampon

sampon

krpa za pranje

mosdókesztyű

odvod

lefolyó

krema

krém

dezodorans

dezodor

ogledalo

tükör

kozmetičko ogledalo

kézitükör

brijač

borotva

pjena za brijanje

borotvahab

losion za poslije brijanja

borotválkozás utáni
arcszesz

češalj

fésű

četka

hajkefe

sušilo za kosu

hajszárító

sprej za kosu

hajlakk

makeup

smink

ruž za usne

ajakrúzs

lak za nokte

körömlakk

vata

vatta

škare za nokte

körömvágó olló

parfem

parfüm

neseser

neszesszer

stolica

sámli

vaga

mérleg

ogrtač

köntös

rukavice za čišćenje

gumikesztyü

tampon

tampon

uložak

egészségügyi betét

kemijski toalet

vegyi WC

dječija soba
gyerekszoba

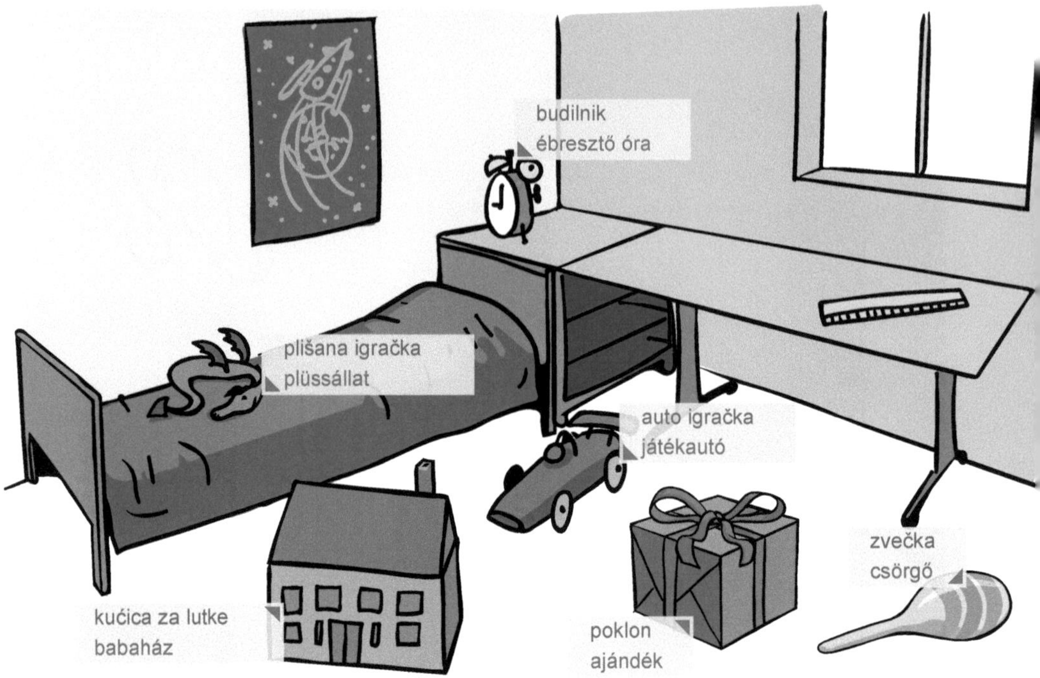
budilnik
ébresztő óra
plišana igračka
plüssállat
auto igračka
játékautó
zvečka
csörgő
kućica za lutke
babaház
poklon
ajándék

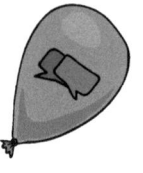

balon
lufi

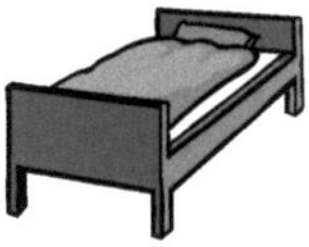

krevet
ágy

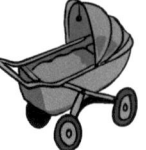

dječija kolica
babakocsi

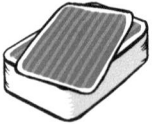

igra s kartama
kártyapakli

slagalica
kirakós játék

SUPER
MEGA

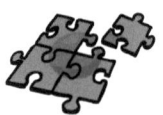

strip
képregény

lego kockice

építőkockák

kockice za slaganje

építőelem

akcioni junak

szuperhős

kombinezon za bebe

rugdalózó

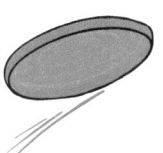

frizbi

frizbi

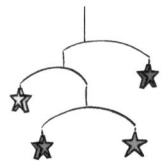

viseće igračke

zenélő forgó

društvene igre

társasjáték

kocka

kocka

minijaturna željeznica

modellvasút

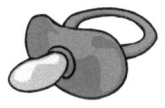

duda

cumi

tulum

zsúr

slikovnica

képeskönyv

lopta

labda

lutka

baba

igrati

játszani

pješčanik

homokozó

ljuljačka

hinta

igračka

játékok

konzola za igre

videójáték konzol

tricikl

tricikli

plišani medo

teddi maci

ormar

ruhásszekrény

odjeća
ruházat

kratke čarape

zokni

čarape

harisnya

hulahopke

harisnyanadrág

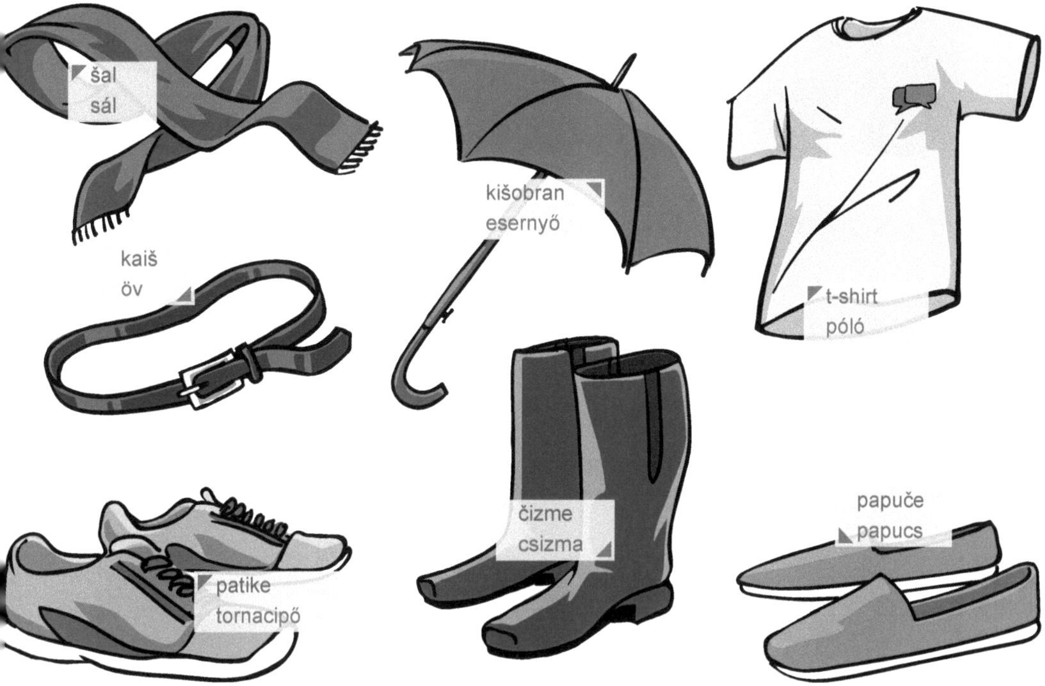

šal
sál

kišobran
esernyő

t-shirt
póló

kaiš
öv

čizme
csizma

papuče
papucs

patike
tornacipő

sandale	cipele	gumene čizme
szandál	cipő	gumicsizma
gaćice	grudnjak	potkošulja
alsónadrág	melltartó	mellény

bodi
body

hlače
nadrág

džins
farmer

haljina
szoknya

bluza
blúz

košulja
ing

džemper
pulóver

pulover s kapuljačom
kapucnis pulóver

blejzer
blézer

jakna
dzseki

kaput
kabát

kabanica
esőkabát

kostim
kosztüm

haljina
ruha

vjenčanica
esküvői ruha

odijelo
öltöny

spavaćica
hálóing

pidžama
pizsama

sari
szári

rubac
fejkendő

turban
turbán

burka
burka

kaftan
kaftán

abaja
abaya

kupaći kostim
fürdőruha

kupaće gaćice
fürdőnadrág

kratke hlače
rövidnadrág

odjeća za trening
tréningruha

pregača
kötény

rukavice
kesztyű

gumb

gomb

naočale

szemüveg

narukvica

karkötő

ogrlica

nyaklánc

prsten

gyűrű

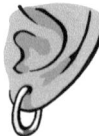

naušnica

fülbevaló

kapa

sapka

vješalica

vállfa

šešir

kalap

kravata

nyakkendő

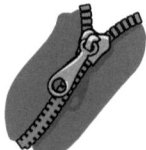

patent zatvarač

cipzár

kaciga

bukósisak

naramenice

nadrágtartó

školska uniforma

iskolai egyenruha

uniforma

egyenruha

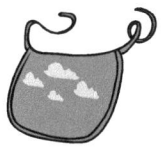

podbradak

előke

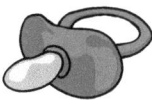

duda

cumi

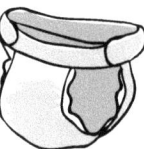

pelena

pelenka

ured

iroda

server
szerver
ormar za spise
irattartó szekrény
pisač
nyomtató
papir
papír
monitor
képernyő
miš
egér
pisaći stol
íróasztal
mapa
mappa
tipkovnica
billentyűzet
košara za papir
papír-hulladék gyűjtő
stolica
szék
računar
számítógép

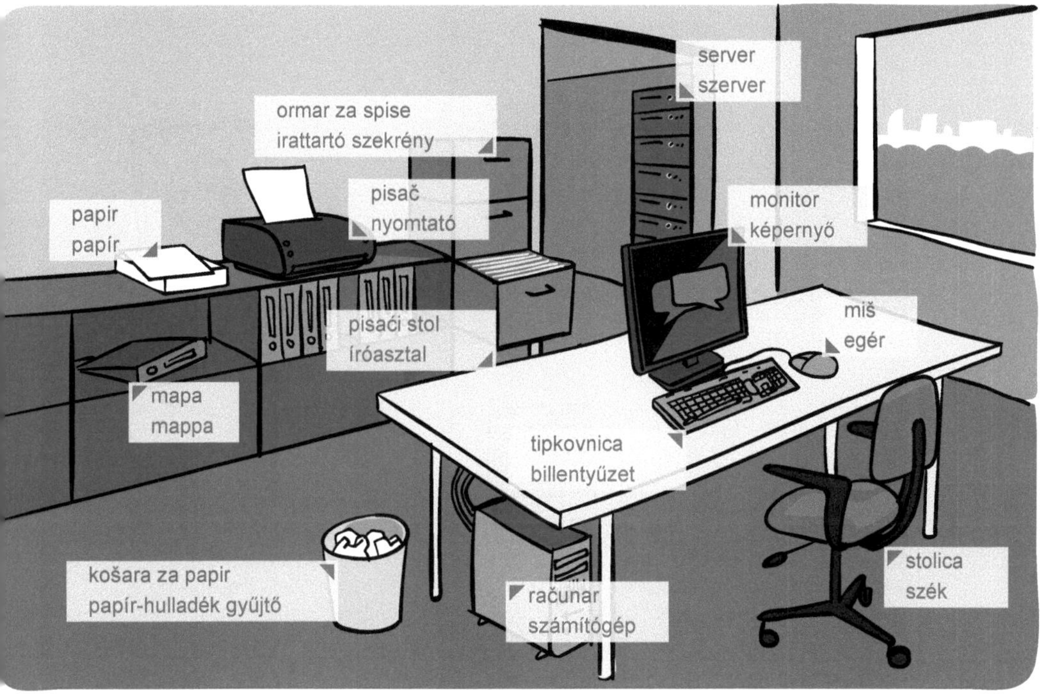

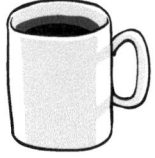

šalica za kavu

kávéscsésze

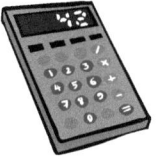

kalkulator

számológép

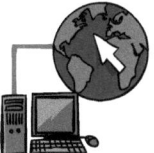

internet

internet

laptop
laptop

pismo
levél

poruka
üzenet

mobilni telefon
mobiltelefon

mreža
hálózat

uređaj za kopiranje
fénymásoló

softver
szoftver

telefon
telefon

utičnica
konnektor

faks
faxgép

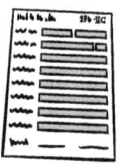

obrazac
formanyomtatvány

dokument
dokumentum

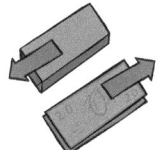

kupovati

venni

platiti

fizetni

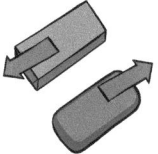

trgovati

kereskedni

novac

pénz

dolar

dollár

euro

euró

jen

jen

rubalj

rubel

švicarski franak

svájci frank

renmindbi yuan

kínai jüan

rupija

rúpia

automat za novac

bankautomata

mjenjačnica

valutaváltó iroda

zlato

arany

srebro

ezüst

nafta

olaj

energija

energia

cijena

ár

ugovor

szerződés

porez

adó

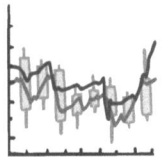

dionica

részvény

raditi

dolgozni

službenik

munkavállaló

poslodavac

munkaadó

tvornica

gyár

prodavaonica

üzlet

zanimanja
foglalkozások

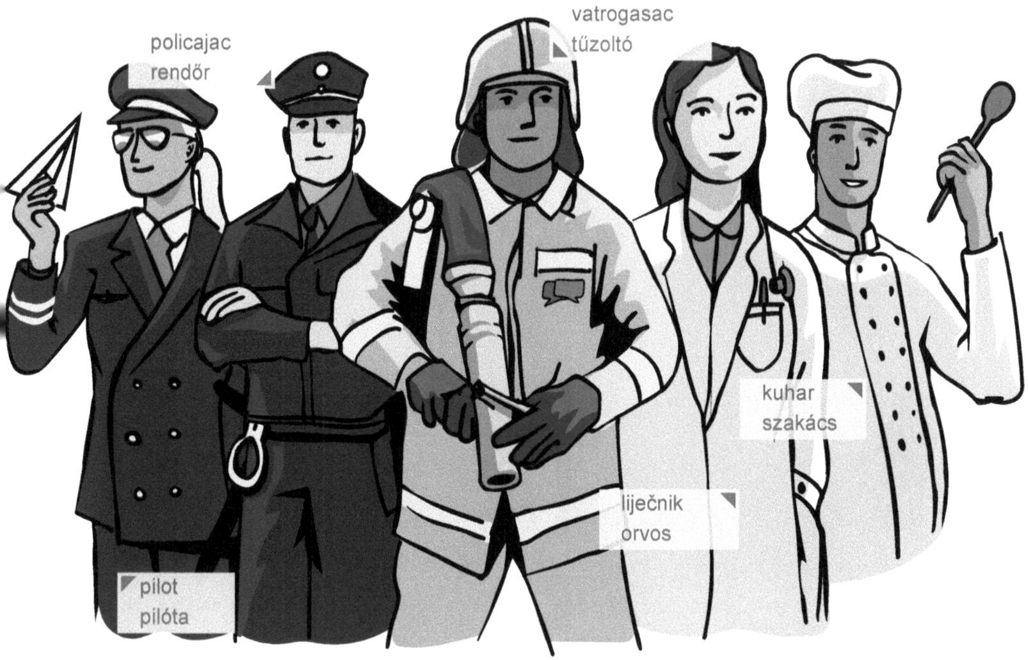

policajac
rendőr
vatrogasac
tűzoltó
kuhar
szakács
liječnik
orvos
pilot
pilóta

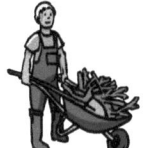

vrtlar

kertész

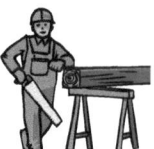

stolar

kárpitos

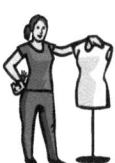

krojačica

varrónő

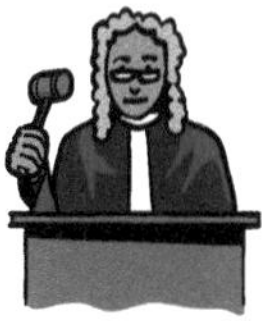

sudija

bíró

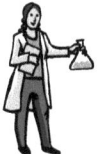

kemičar

vegyész

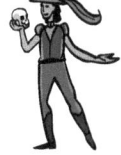

glumac

színész

vozač autobusa

buszsofőr

vozač taksija

taxisofőr

ribar

halász

čistačica

bejárónő

krovopokrivač

tetőfedő

konobar

pincér

lovac

vadász

slikar

festő

pekar

pék

električar

villanyszerelő

građevinski radnik

építőmunkás

inženjer

mérnök

mesar

hentes

limar

vízvezeték-szerelő

poštar

postás

vojnik

katona

arhitekta

építész

blagajnik

eladó

cvjećar

virágos

frizer

fodrász

kondukter

kalauz

mehaničar

műszerész

kapetan

kapitány

zubar

fogorvos

znanstvenik

tudós

rabi

rabbi

imam

imám

monah

szerzetes

svećenik

lelkész

alati
szerszámok

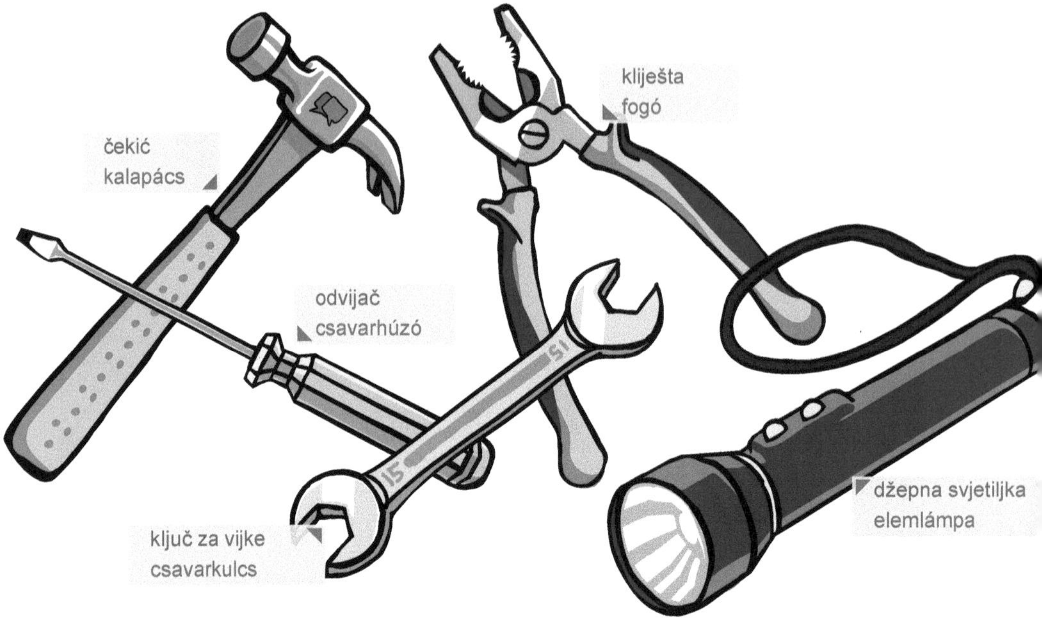
kliješta
fogó
čekić
kalapács
odvijač
csavarhúzó
džepna svjetiljka
elemlámpa
ključ za vijke
csavarkulcs

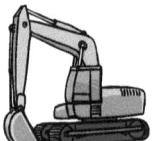

rovokopač

markológép

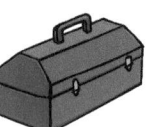

kutija za alat

szerszámosláda

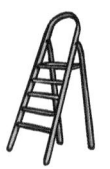

ljestve

vödör

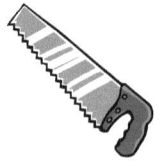

pila

fűrész

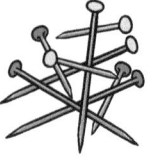

ekser

szög

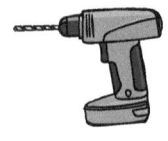

bušilica

fúrógép

popraviti

megjavítani

lopata

lapát

Sranje!

A francba!

lopatica

szemétlapát

lonac za boju

festékesdoboz

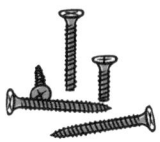

vijci

csavar

glazbeni instrument
hangszerek

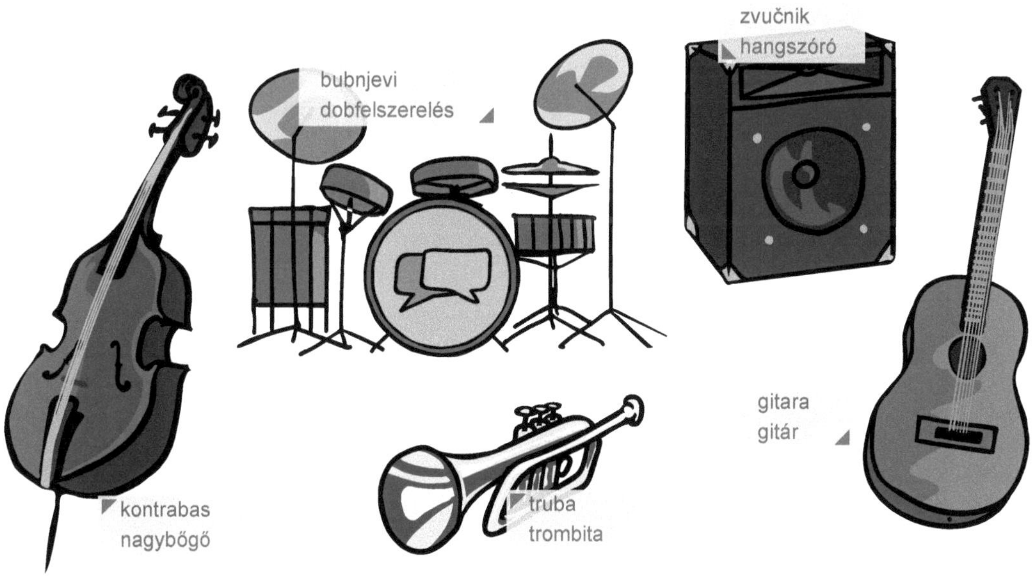

zvučnik
hangszóró

bubnjevi
dobfelszerelés

gitara
gitár

kontrabas
nagybőgő

truba
trombita

klavir

zongora

violina

hegedű

bas

basszusgitár

timpani

üstdob

udaraljke za bubnjeve

dobok

keyboard

digitális zongora

saksofon

szaxofon

flauta

fuvola

mikrofon

mikrofon

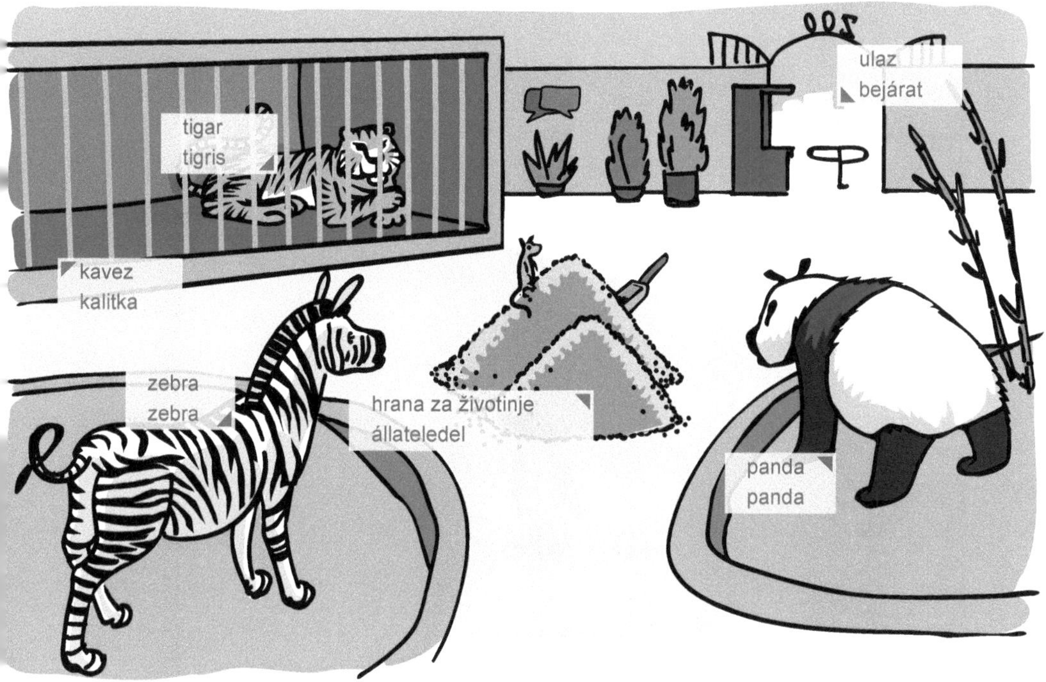

tigar
tigris

ulaz
bejárat

kavez
kalitka

zebra
zebra

hrana za životinje
állateledel

panda
panda

životinje	slon	kengur
állatok	elefánt	kenguru

nosorog	gorila	medvjed
orrszarvú	gorilla	medve

kamila

teve

noj

strucc

lav

oroszlán

majmun

majom

flamingo

flamingó

papagaj

papagáj

polarni medvjed

jegesmedve

pingvin

pingvin

ajkula

cápa

paun

páva

zmija

kígyó

krokodil

krokodil

čuvar u zoološkom vrtu

állatgondozó

tuljan

fóka

jaguar

jaguár

poni
póniló

leopard
leopárd

nilski konj
víziló

žirafa
zsiráf

orao
sas

divlja svinja
vaddisznó

riba
hal

kornjača
teknös

morž
rozmár

lisica
róka

gazela
gazella

američki nogomet
amerikai futball

biciklizam
kerékpározás

tenis
tenisz

košarka
kosárlabda

plivanje
úszás

boks
boksz

hockey na ledu
jégkorong

nogomet
futball

badminton
tollas

atletika
atlétika

rukomet
kézilabda

skijanje
síelés

polo
lovaspóló

aktivnosti
tevékenységek

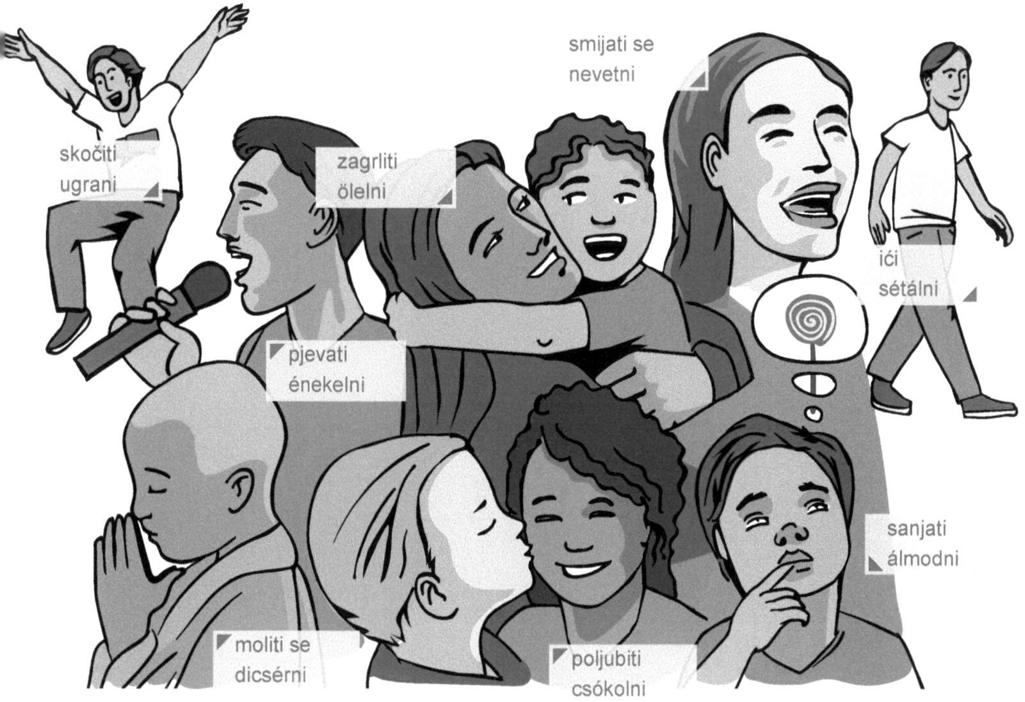

smijati se
nevetni
skočiti
ugrani
zagrliti
ölelni
ići
sétálni
pjevati
énekelni
sanjati
álmodni
moliti se
dicsérni
poljubiti
csókolni

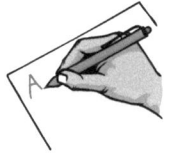

pisati

írni

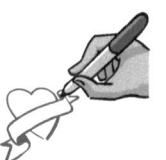

crtati

rajzolni

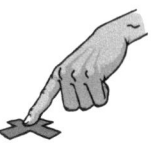

pokazati

mutatni

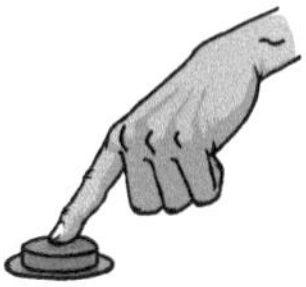

gurati

tolni

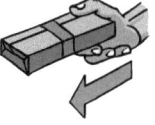

dati

adni

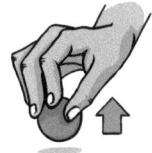

uzeti

vinni

imati

birtokolni

činiti

csinálni

biti

lenni

stojati

állni

trčati

futni

povlačiti

húzni

baciti

hajít

padati

esni

ležati

hazudni

čekati

várni

nositi

vinni

sjediti

ülni

oblačiti

felvenni

spavati

aludni

probuditi se

felébredni

gledati

ránézni

plakati

sírni

milovati

simogat

češljati

fésülni

govoriti

beszélni

razumjeti

megérteni

pitati

kérdezni

slušati

hallgatni

piti

inni

jesti

enni

pospremiti

takarítani

voljeti

szeretni

kuhati

főzni

voziti

vezetni

letjeti

szállni

ploviti
vitorlázni

računati
számol

čitati
olvasni

učiti
tanulni

raditi
dolgozni

vjenčati se
házasodni

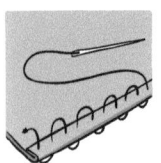

šiti
varrni

prati zube
fogat mosni

ubiti
ölni

pušiti
dohányozni

poslati
küldeni

obitelj
család

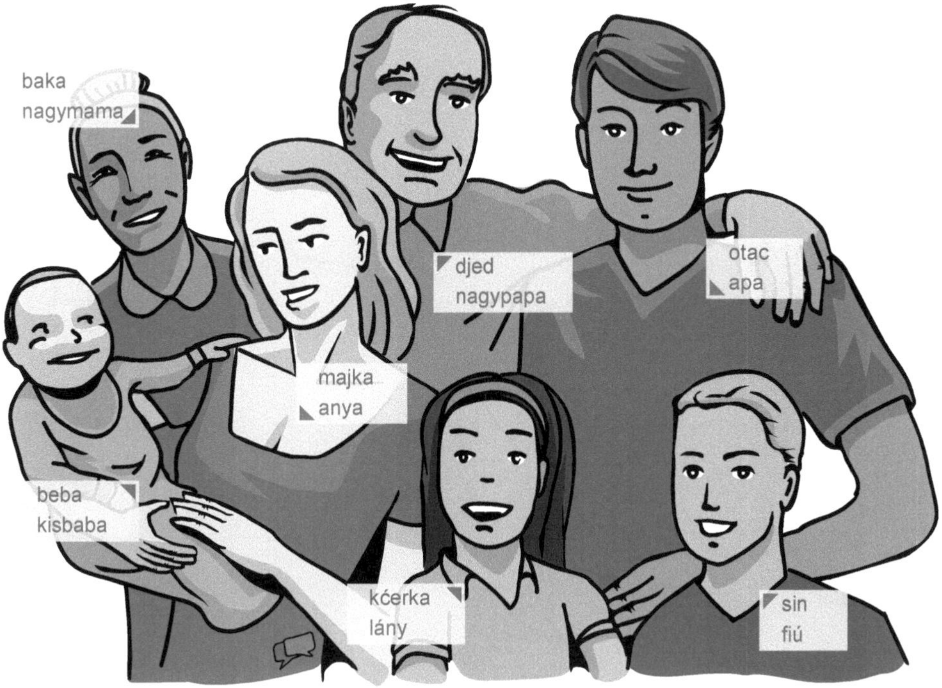

baka
nagymama
djed
nagypapa
otac
apa
majka
anya
beba
kisbaba
kćerka
lány
sin
fiú

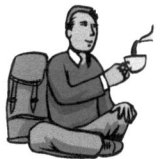

gost
vendég

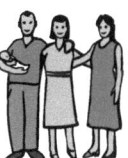

tetka
nagynéni

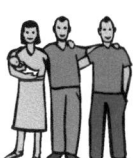

ujak, stric
nagybácsi

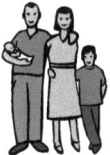

brat
fiútestvér

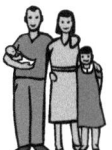

sestra
lánytestvér

tijelo
test

čelo
homlok
oko
szem
rame
váll
prst
ujj
lice
arc
brada
áll
ruka
kéz
noga
láb
grudi
mell
ruka
kar

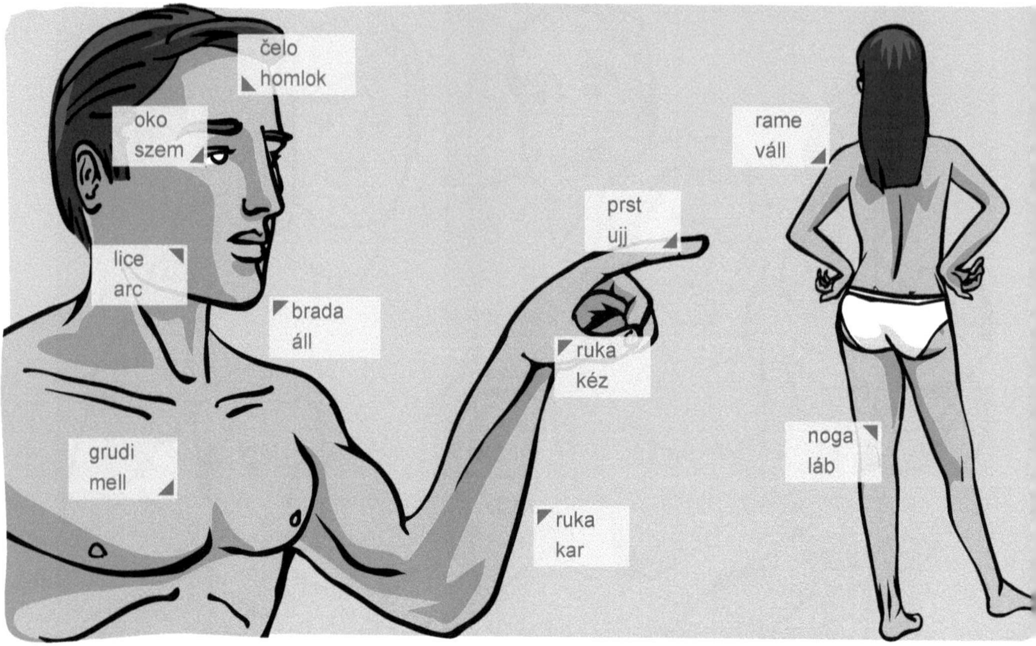

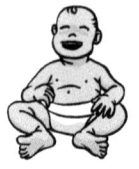

beba
kisbaba

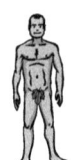

muškarac
ember

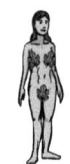

žena
nő

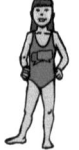

djevojčica
lány

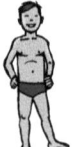

dječak
fiú

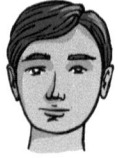

glava
fej

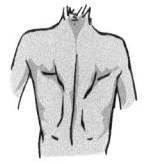

leđa

hát

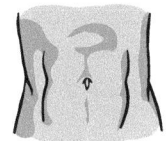

trbuh

has

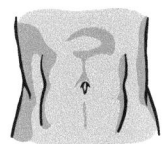

pupak

köldök

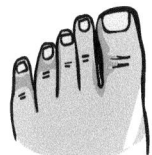

nožni prst

lábujj

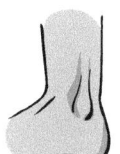

peta

sarok

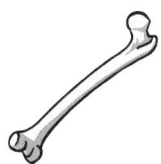

kost

csont

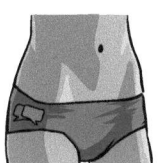

kuk

csípő

koljeno

térd

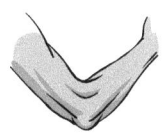

lakat

könyök

nos

orr

stražnjica

fenék

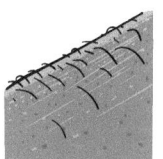

koža

bőr

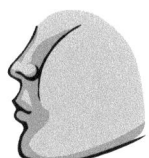

obraz

orca

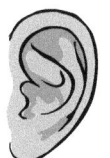

uho

fül

usna

ajak

usta
....
száj

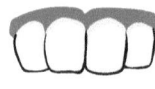

zub
....
fog

jezik
....
nyelv

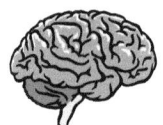

mozak
....
agy

srce
....
szív

mišić
....
izom

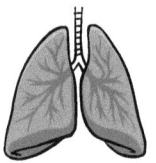

pluća
....
tüdő

jetra
....
máj

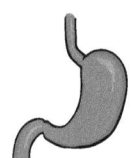

želudac
....
gyomor

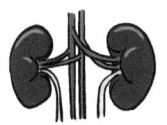

bubrezi
....
vese

snošaj
....
szex

kondom
....
kondom

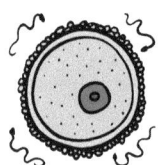

jajna stanica
....
petesejt

sperma
....
sperma

trudnoća
....
terhesség

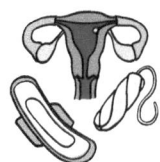

menstruacija

menstruáció

vagina

vagina

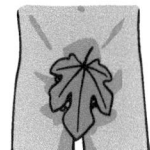

penis

pénisz

obrva

szemöldök

kosa

haj

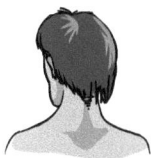

vrat

nyak

bolnica
kórház

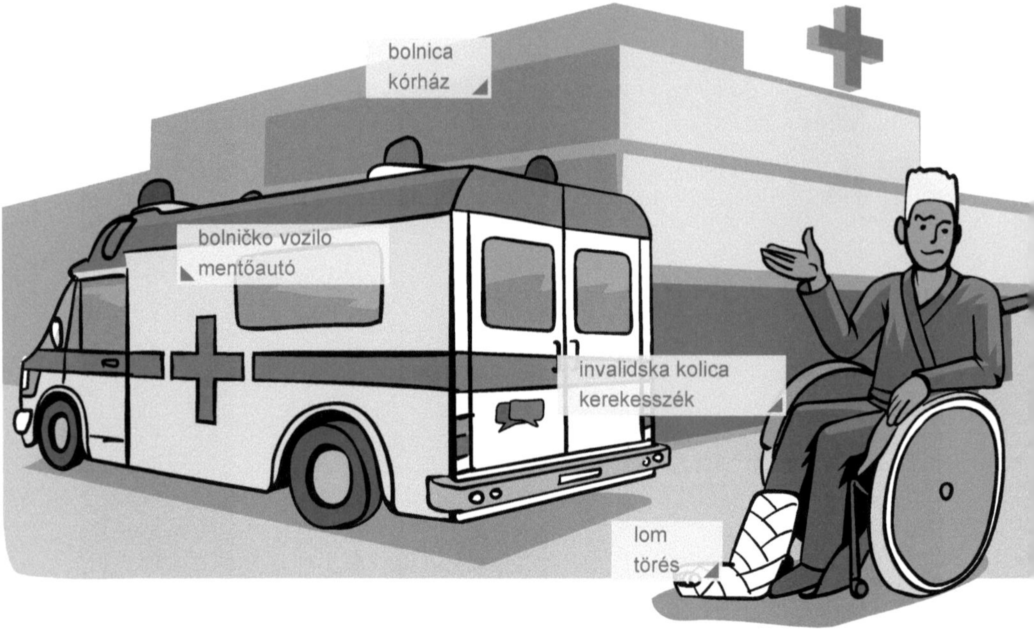

bolnica
kórház
bolničko vozilo
mentőautó
invalidska kolica
kerekesszék
lom
törés

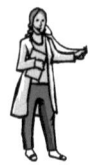

liječnik

orvos

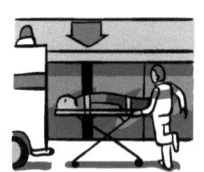

hitna medicinska služba

sürgősségi osztály

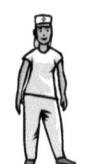

medicinska sestra

ápoló

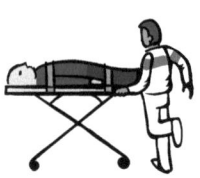

hitni slučaj

vészhelyzet

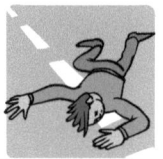

nesvijest

eszméletlen

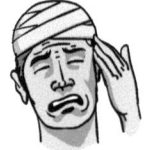

bol

fájdalom

ozljeda

sérülés

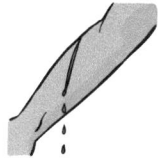

krvarenje

vérzés

srćani infarkt

szívroham

moždani udar

szélütés

alergija

allergia

kašalj

köhögés

groznica

láz

gripa

influenza

proljev

hasmenés

glavobolja

fejfájás

rak

rák

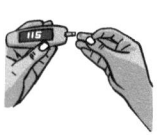

dijabetes

cukorbetegség

kirurg

sebész

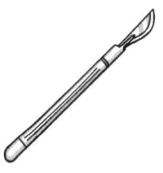

skalpel

szike

operacija

műtét

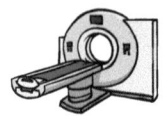

ct
CT

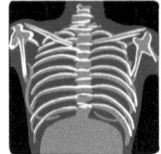

rentgen
röntgen

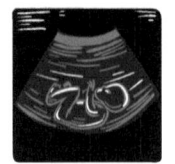

ultrazvuk
ultrahang

maska
arcmaszk

bolest
betegség

čekaonica
váróterem

štaka
mankó

flaster
sebtapasz

zavoj
kötszer

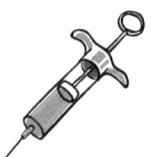

injekcija
injekció

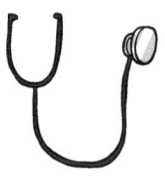

stetoskop
sztetoszkóp

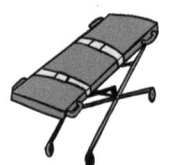

nosilo
hordágy

termometar
klinikai hőmérő

rođenje
születés

prekomjerna težina
túlsúly

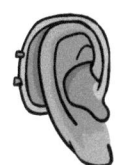

slušni aparat

hallókészülék

sredstvo za dezinfekciju

fertőtlenítőszer

infekcija

fertőzés

virus

vírus

hiv / sida

HIV/AIDS

medicina

orvosság

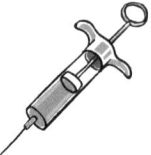

vakcinacija

oltás

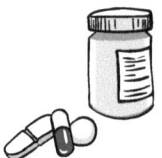

tablete

tabletták

pilula

tabletta

poziv u pomoć

sürgősségi hívás

uređaj za mjerenje tlaka

vérnyomásmérő

bolesno / zdravo

betegség / egészség

pomoć!

Segítség!

alarm

riasztás

nasrtaj

rajtaütés

napad

támadás

opasnost

veszély

izlaz za nuždu

vészkijárat

požar!

tűz!

vatrogasni aparat

tűzoltókészülék

nezgoda

baleset

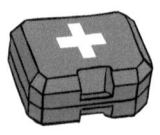

kofer prve pomoći

elsősegélycsomag

sos

SOS

policija

rendőrség

Europa
Európa

sjeverna amerika
Észak-Amerika

južna amerika
Dél-Amerika

Afrika
Afrika

Azija
Ázsia

Australija
Ausztrália

Atlantik
Atlanti-óceán

Pacifik
Csendes-óceán

ocean
Indiai-óceán

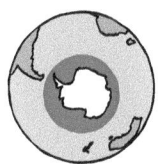

antarktički ocean
Déli-óceán

arktički ocean
Jeges-tenger

sjeverni pol
Északi-sark

južni pol

Déli-sark

Antarktik

Antarktisz

zemlja

föld

zemlja

szárazföld

more

tenger

otok

sziget

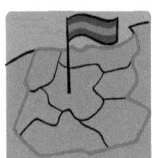

nacija

nemzet

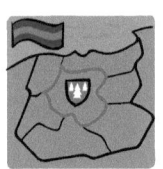

država

állam

brojčanik sata

számlap

satna kazaljka

kismutató

minutna kazaljka

nagymutató

sekundna kazaljka

másodpercmutató

Koliko je sati?

Mennyi az idő?

dan

nap

vrijeme

idő

sada

most

digitalni sat

digitális óra

minuta

perc

sat

óra

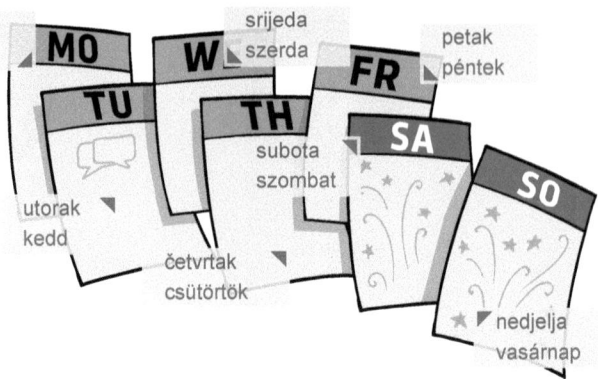

ponedjeljak / hétfő — **MO**
utorak / kedd — **TU**
srijeda / szerda — **W**
četvrtak / csütörtök — **TH**
petak / péntek — **FR**
subota / szombat — **SA**
nedjelja / vasárnap — **SO**

juček
....
tegnap

danas
....
ma

sutra
....
holnap

jutro
....
reggel

podne
....
dél

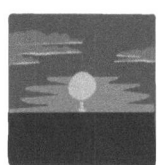

večer
....
este

radni dani
....
hétköznap

vikend
....
hétvége

godina
év

kiša
eső
duga
szivárvány
vjetar
szél
snijeg
hó
proljeće
tavasz
jesen
ősz
ljeto
nyár
zima
tél

4.APRIL 11°
5.APRIL 4°
6.APRIL 13°
7.APRIL 8°
8.APRIL 10°

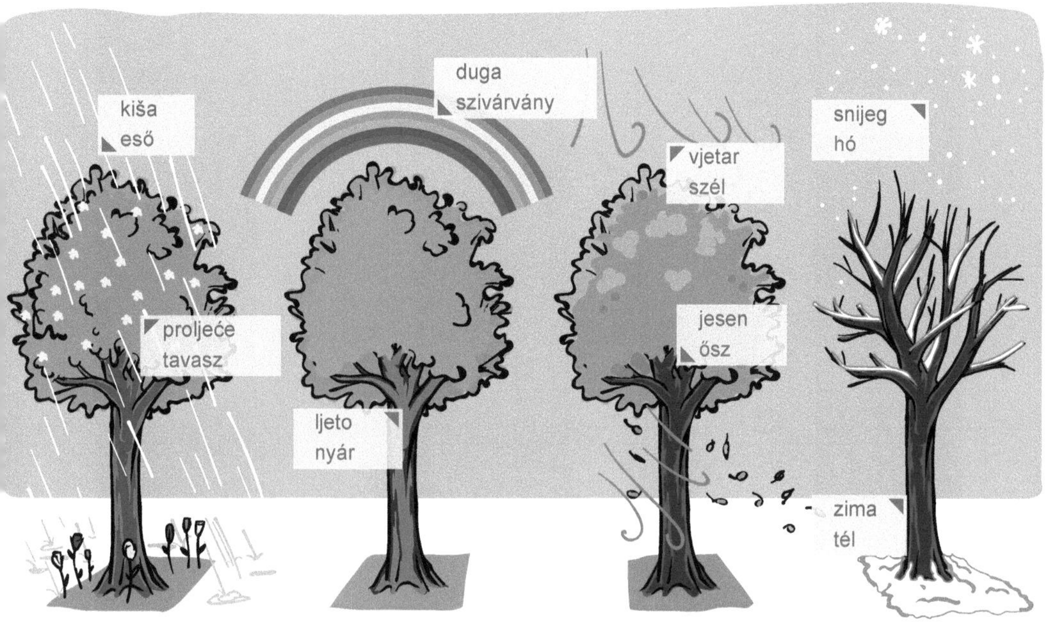

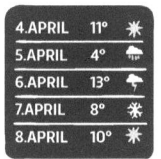

meteorološka prognoza

időjárás előrejelzés

F
C
120
90
60
30
0
-30
40
30
20
10
0
-10
-20

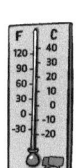

termometar

hőmérő

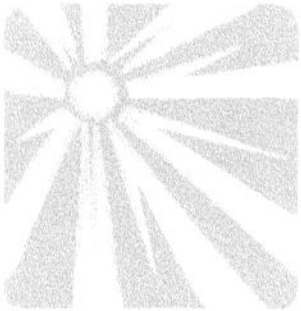

sunčana svjetlost

napsütés

oblak

felhő

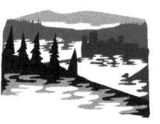

magla

köd

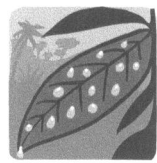

vlažnost zraka

páratartalom

munja

villámlás

grmljavina

mennydörgés

oluja

vihar

tuča

jégeső

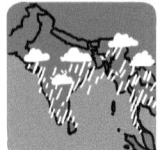

monsun

monszun

poplava

áradás

led

jég

siječanj

január

veljača

február

ožujak

március

travanj

április

svibanj

május

lipanj

június

srpanj

július

kolovoz

augusztus

godina - év

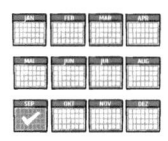

rujan
....
szeptember

listopad
....
október

studeni
....
november

prosinac
....
december

oblici
alakzatok

krug
....
kör

kvadrat
....
négyzet

pravokutnik
....
téglalap

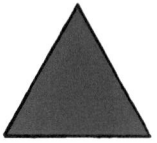

trokut
....
háromszög

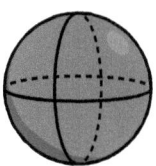

kugla
....
gömb

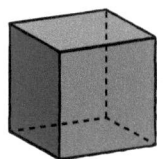

kocka
....
kocka

bijela

fehér

žuta

sárga

narančasta

narancs

ružičasta

rózsaszín

crvena

piros

ljubičasta

lila

plava

kék

zelena

zöld

smeđa

barna

siva

szürke

crna

fekete

mnogo / malo

sok / kevés

ljutito / mirno

mérges / nyugodt

lijepo / ružno

szép / csúnya

početak / kraj

kezdet / vég

veliko / maleno

nagy / kicsi

svijetlo / tamno

világos / sötét

brat / sestra

fivér / nővér

čisto / prljavo

tiszta / koszos

potpuno / nepotpuno

teljes / nem teljes

dan / noć

nappal / éjszaka

mrtvo / živo

halott / élő

široko / usko

széles / keskeny

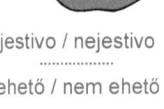

jestivo / nejestivo

ehető / nem ehető

zlo / dobro

gonosz / kedves

uzbuđeno / dosadno

izgatott / unott

debelo / mršavo

kövér / vékony

na početku / na kraju

első / utolsó

prijatelj / neprijatelj

barát / ellenség

puno / prazno

teli / üres

tvrdo / mekano

kemény / puha

teško / lagano

nehéz / könnyű

glad / žeđ

éhség / szomjúság

bolesno / zdravo

betegség / egészség

ilegalno / legalno

illegális / legális

pametno / glupo

intelligens / buta

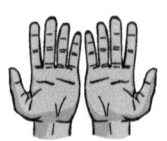

lijevo / desno

bal / jobb

blizu / daleko

közel / távol

novo / rabljeno

új / használt

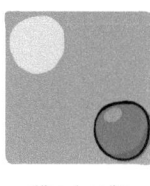

ništa / nešto

semmi / valami

staro / mlado

idős / fiatal

uključeno / isključeno

be / ki

otvoreno / zatvoreno

nyitva / zárva

tiho / glasno

csendes / hangos

bogato / siromašno

gazdag / szegény

točno / pogrešno

helyes / helytelen

hrapavo / glatko

érdes / sima

tužno / sretno

szomorú / vidám

kratko / dugo

rövid / hosszú

polako / brzo

lassú / gyors

mokro / suho

nedves / száraz

toplo / hladno

meleg / hideg

rat / mir

háború / béke

0	**1**	**2**
nula	jedan	dva
nulla	egy	kettő

3	**4**	**5**
tri	četiri	pet
három	négy	öt

6	**7**	**8**
šest	sedam	osam
hat	hét	nyolc

9	**10**	**11**
devet	deset	jedanaest
kilenc	tíz	tizenegy

12	**13**	**14**
dvanaest	trinaest	četrnaest
tizenkettő	tizenhárom	tizennégy

15	**16**	**17**
petnaest	šestnaest	sedamnaest
tizenöt	tizenhat	tizenhét

18	**19**	**20**
osamnaest	devetnaest	dvadeset
tizennyolc	tizenkilenc	húsz

100	**1.000**	**1.000.000**
stotinu	tisuću	milijun
száz	ezer	millió

engleski

angol

američko engleski

amerikai angol

kinesko mandarinski

mandarin kínai

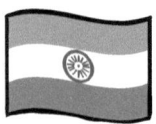

hindi

hindi

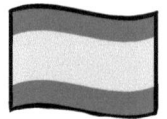

španjolski

spanyol

francuski

francia

arapski

arab

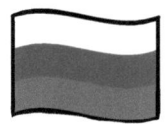

ruski

orosz

portugalski

portugál

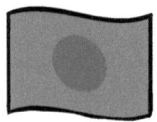

bengalski

bengáli

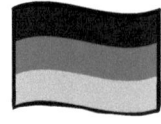

njemački

német

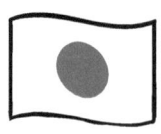

japanski

japán

ja

én

ti

te

on / ona / ono

ö

mi

mi

vi

ti

oni

ök

tko?

ki?

što?

mi?

kako?

hogyan?

gdje?

hol?

kada?

mikor?

ime

név

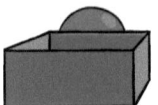

iza

mögött

u

benne

ispred

elötte

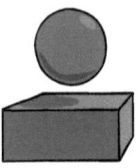

preko

felette

na

rajta

ispod

alatta

pored

mellett

između

között

mjesto

hely